Ennen kuin kaikki alkoi

Ennen kuin kaikki alkoi

Runoja ja kertomuksia

Paavo Räisänen

Olen julkaissut aiemmin BoD:in kustantamana useita kirjoja.
Kirjailija sivuni: www.kirja-lakka.com

© 2024 Paavo Räisänen
Kustantaja: BoD – Books on Demand, Helsinki, Suomi
Valmistaja: BoD – Books on Demand, Norderstedt, Saksa
ISBN: 978-952-80-8216-3

Sisällysluettelo

Luvut:

Sanalla ja tulella 7

Jeesus Mestarimme 17

Musiikki-runo esitysteni sanoja 27

Ristin voittaja 45

Iäisyydessä syntynyt 55

Elävä sydän 65

Sanalla ja tulella

Jumalattomat juhlivat

menestyvät

vanhurskas näkee vaivaa

sielunvihollinen tarjoaa

maallista iloa, menestystä omilleen

Uskovainen ottaa menestyksen

Jumalan lahjana

Jumala ei aina anna menestystä

uskovaisen palkka

on matkan lopussa

Ei Jumala halua jumalattoman kuolemaa

että hän synnissä kuolisi

Jumala tahtoo kaikille pelastuksen

kuuluu synnissä elävää puhutella

ei suruttoman

saa antaa nukkua

synnin unta

varoittamatta vaarasta

Hesekiel 33:11, Hes. 3:18

Kertoi Jeesus itsestään kuninkaana

joka kerran tulee

"ja heidän kaupunkinsa Hän poltti"

ei hän hävitä miekalla

vaan Sanalla

ja sen tulella

Kun israelilaiset korvessa

napisivat Moosesta ja Jumalaa vastaan

tulivat tuliset käärmeet

purivat, tappoivat

Jumalan käskystä

korotti Mooses vaskikäärmeen

joka siihen katsoi

parani

Vertauskuva Kristuksesta

johon turvaten

paranee synnin haavoista

kun uskoo Evankeliumin

Opetuslapsetkin epäilivät kerran:

"Herra, kuka uskoo meidän saarnamme?"

ei uskottu Eliaan

vain harvat uskoivat Jeesukseen

"Vähänkö niitä on,

jotka pelastuvat?

kysyivät opetuslapset

"menkää ahtaasta portista sisään"

vastasi Jeesus

ahtaasta portista eivät mahdu taakat

synnin kuormat, omat ansiot

"luopukaa kaikesta ja seuratkaa Minua"

Käärmeen häät kirkossa

hän on tehnyt huorin

saanut siihen luvan

ei ole tehnyt parannusta

katunut tekoaan

Synnit saa katuva anteeksi

käärme on synnitön

omien sanojensa mukaan

tuomitsee syntisiä

He sanovat:

"Rauha, rauha"

mutta

"ei siellä rauhaa ole"

Rauhan heille kertoo käärme

hänellä on omat jumalansa

jotka antavat hänelle rauhan

hänen rauhansa on synti

vanhurskaan tuomio ja kuolema

hänen tuomionsa on epäoikeudenmukainen

ja siksi hän menettää tuomiovaltansa

saatana loukoissa

hän silti vaikuttaa

Jeesus Mestarimme

Käärmeen tuomio

että hän valehtelee saaneensa Jeesuksen ruumiin

laskettuaan Hänet ristiltä

ja kieltää ylösnousemuksen

ja Jeesuksen Sanat:

"ei kukaan ota minulta minun henkeäni,

vaan annan sen itse"

Että hän valehteli seksuaalisuuden

sai aikaan sodat

riidat ja eripuran

valheen

Hän menettää tuomiovaltansa

Jeesus on hänet

viimeisenä päivänä tuomitseva

saatanan hauta

päällä pelkkä risti

joka aikoinaan heloitti verestä punaisena

merkkinä

hänen voittajastaan

sillä Jeesus kukisti

saatanan ja käärmeen vallan

paha jäi elämään

Vaalea käärme

Mediassa elää vaalea käärme, hyvä ihminen, kadotuksen lapsi, joka on tullut myös politiikkaan ja useille muille aloille. Se on ottanut saatanalta jaloja aatteita ja ovat varoitettu vaaleassa kaavussa tuleva vihollinen. Sen aatteiden takana on täysi tai osittainen ateismi ja vapaa seksuaalisuus, jonka Raamattu tuntee huoruutena. Se ajaa tasa-arvoa, vaikka mies ja nainen poikkeavat sekä fyysisesti että henkisesti ja seksuaalisesti täysin toisistaan. Naisjohtaja ajoittain, ei ole Jumalan mielen vastainen, mutta johtaminen on pääosin miesten ala ja naisten pitäisi tämä ymmärtää.

Jeesus oli todella ihminen ja Jumala. Ihmisenä Hän kärsi suunnattomasti kipua, tuskaa ja vaivaa. Hän koki paljon pilkkaa ja alennusta eläissään. Hänen tuskanyönsä ennen ristinkuolemaa oli kauhea, kun Häntä piinattiin, ruoskittiin ja häväistiin. Hänet ruoskittiin huorintekijäksi, vaikka Hän oli synnitön ja ristiä kantaessaan Hän otti huorintekijän osan maan päältä. Kivulias oli myös ristinkuolema, jonka Hän kärsi. Hän oli kyllä poika, mutta Hän oli myös mies. Hän on ainut, joka on voittanut taistelussa saatanan ja käärmeen ja Hänen tekoonsa ei voi kukaan muu pystyä.

Sukupuolielämä avioliitossa

Rakastelu on synti. Se ei kuitenkaan ole avioliitossa ruma synti, vaan sitä voisi sanoa kauniiksi synniksi, sikäli, kuin synti voi olla kaunista. Oikein on Raamattuun vedoten yhtyä, niin, että "he tunsivat toisensa ja rakastivat toisiaan". Toinen Raamatun mukainen yhdyntätapa on "siittää poikia ja tyttäriä". Rakastelu on kuitenkin esim. tieteen käyttämä nimi yhdynnälle.

Käärme maan päällä ei lopulta ole syntinen nainen, vaan saatanan oma mies, kadotettu sielu. Mutta se ei pelasta katumatonta syntistä naista, sillä saatana toimii hänen kauttaan. Syntisen naisen piti luopua häntä viettelevästä kadotetusta saatanan omasta miehestä.

Meille tuskin kerrotaan paljoa ylösnousemusruumiista. Ruumis maatuu mullaksi ja lähtee luonnon kiertokulkuun. Jotkut poltattavat ruumiinsa ja ripottelevat tuhkan mereen. Kun idän taivas aukeaa ja ylimmäinen enkeli puhaltaa torveen ja Kristus saapuu enkeleineen, nousee haudoista ja meristä ylösnousemusruumis viimeiselle tuomiolle.

Musiikki-runo esitysteni sanoja

Nämä videot on musiikin kanssa julkaistu YouTube kanavallani, jolle on linkki kotisivultani www.kirja-lakka.com

Käärmeen rakkaus

Käärme juonii rakkaudella

kirjoittaa

laulaa siitä

himo lihan

on hänen rakkautensa

Keksii vapaan seksuaalisuuden

toteuttaa sitä

vihaa avioliittoa

ottaa sen vain työnsä

peitteeksi

Moderni käärme

luo hyvän ihmisen

kieltää arvot Kristilliset

keksii arvot jalot

työnsä peitteeksi

Käärme vääristää

parisuhteet

keksii opin seksuaalisesta

suuntautumisesta

saatana hänen opettajansa

Hän vaatii seksiä pojalta

huorinteon neitseeltä

homo on hänen miesihanteensa

koska hän vihaa poikaa

ei saa häneltä seksiä

Hän kirjoittaa rakasteluoppaat

jotka saatana opetti

kertoo kuinka hän

tekee huorin

saa ihmiset uskomaan:

"tämä on oikein"

Käärme saa tuomionsa

helvetin vaivassa

on rikkipoljettu

hänen päänsä

kerran ristillä

Juhannustanssit

Siniristilippu
liehuu kesäisessä illassa
Juhannuskokon ääressä
joukko siunattuja
laulaa virsiä
Siionin lauluja
paistaa makkaraa
seurustelee

On toisenlaiset menot
viina virtaa
himo rinnassa
hoilottaa joukko jumalaton
kädet nousevat kohti
huorintehnyttä
heidän vapahtajaansa

Pyöritään himon kierrettä

saatana tarjoilee lientään

vilkkuu pirun silmä

soi saatanan soittimet

Kahdenlainen on loppu illan

kokolla joku löysi puolison

elämänmittaisen

tansseista löytyi himokaveri

kesän karkeloihin

Loppuu kerran aika maallinen

tuomio luetaan

missä joukoissa aiot seistä

oi ihminen

Elia ja baal

Kukisti Elia

baalin alttarit

hävitti heidän papistoaan

Herran voimalla hän toimi

nöyrä

Jumalan palvelija

profeetta

baal rakensi nopeasti

uudet alttarit

baal kukistumaton

itse saatana

muuttaa muotoaan

Kukisti Jeesus myös baalin

baal pakeni pimeisiin

loukkoihin

nostaa sieltä päätään

pahuus ei poistunut

Tänään baal

entistä vahvempi

hallitsee ihmistä

jumalatonta

tarjoaa menojaan

pettää

sanoo olevansa hyvä

Jumalan kansa paljastaa

pimeyden työt

on saatana hullu

levittää sairauttaan

Jumala ei hulluna

ihmistä hauku

Uskoo ihminen mieluummin

saatanaan

saatana tarjoaa leveämmän

elämän

Uskovainen ottaa menestyksen

Jumalan siunauksena

lahjana

On tilinteon hetki

kirjat avataan

autuas se jolle luetaan:

"tulkaa te Isäni siunatut"

Aito rakkaus

"Rakasta Jumalaa

kaikesta sinun mielestäs

ja sydämestäs ja voimastas"

Jumalasta vuotaa rakkaus

se antaa oikean

lähimmäisenrakkauden

Sillä Jumala on rakkaus

Tämän ajan lähimmäisenrakkaus

on käärmeeltä

se on seksuaalisviritteinen

täynnä huoruutta

ei ole Jumalasta

Jumalan Rakkaus

on rakkautta totuudessa

Jumalan antama rakkaus

on toisenlainen

kuin käärmeen antama

Jumalan rakkaus ei ole itsekästä

se on omasta luopumista

elämistä uskossa

Raamatun ohjeiden mukaan

karttaa huoruutta

vaalii puhtautta

tunnon ja ruumiin puhtautta

"älkää holhotko,

ruumistanne haureuteen"

Aviopuolisoiden rakkaus

on tahtomisessa

"ja he tunsivat toisensa,

ja rakastivat toisiaan"

rakkaus on pitämisessä

pitkämielinen

kärsivällinen

Jumalan rakkaus

puhuttelee synnistä

langennutta lähimmäistä

ei päästä kadotukseen

varoittamatta vaarasta

"Ei rakkaus ollut siinä,

että me rakastimme,

vaan että Jumala rakasti meitä"

joka Jumalaa Rakastaa

pitää Hänen Sanansa

ikuisen

muuttumattoman

Sydän

He kylvävät lakkaamatta

kaikenlaisiin maaperiin

kasvun pyytävät Herralta

siunauksen työllensä

Jumalan peltomiehet

paimenet

"sitä pahaa, mitä en tahdo,

minä teen"

sanoi jo Paavali

sydämestä nousevat huoruudet

pahat ajatukset

pahanilkinen ruumiinkappale

kuten Jeesus opetti

"Kuolettaa hengellä lihan

töitä"

tahtoo uskovainen

rukoilee Herralta voimia

lisää uskoa

maiselle matkalle

Heikko on usein usko

matkamiehen

"Mutta heikolla uskolla voittaa"

ja kunnian periä saa

Jumala on heikoissa väkevä

lihavat ja paisuneet

Hän kurittaa

nöyryyttää

Epäilykset piirittävät

matka ahdistaa

kuin kiljuva jalopeura

leijona

käy ympärillä

sielunvihollinen

Armon virta

kristallin kirkas

kuin Armon meri

Uhriveri pesee synnistä

tarjoaa pelastuksen

Käärmeen juoni

Käärme halusi

hallita sieluja

se käytti työvälineenä

huoruutta

jäi siitä kiinni

Niin käärme keksi

tasa-arvon

Saada johtoasemia

hallita sieluja

vallan avulla

Seksi on käärmeen ase

se ei siitä välitä

käyttää vain sielujen

hallintaan

Lihan himoja

Keksi käärme

aatteet jalot

puhuu suvaitsevaisuudesta

kaiken sallittavuudesta

koittaa välttää

Jumalan tuomion

Kerran on tilinteon hetki

ajan päätyttyä

Viimeistä tuomiota

ei väistä kukaan

Tuomiolla vain kaksi joukkoa

toisilla edessä helvetin vaiva

toisilla Karitsan ikihäät

Ristin voittaja

Käärmeen hauta

kivessä teksti

"Hän vihasi poikaa,

tahtoi hänen kuolemansa.

Vaati tuomion,

tuomitsi epäoikeudenmukaisesti.

ei ottanut armoa tarjottua."

Päällä risti

voittajansa.

saatanan omaisuutta

on viina

varoittaa Raamattu juopumuksesta

kadottavasta

sillä viinasta

tulee paha meno

himo lihan alkaa elämään

harkintakyky pettää

ilo hetkellinen se on

tuottaa ikuisen vaivan

Ilo Herrassa

ei vaadi päihteitä

ilo on se aito

tuottaa kunnian

perillä taivaassa

Synnin luvallisuus

rehoittaa ajassamme

ei perustu Raamattuun

ihminen saatanan oma

ei usko kirjoituksiin

Hänelle saatana on antanut

oman järkensä

valehtelee

pettää

Jumalan antama järki

tuntee

tunnustaa Sanan

Jeesuksen lukuisat ihmeteot

ihmiset eivät tehneet parannusta

mutta kyllä he uskoivat

hetken

Yöllä tuli vihollinen

kylvi rikkaviljan

saatana vei heidän uskonsa

fariseukset saarnasivat

omaa kadottavaa oppiaan

tukahduttivat uskon

orastavan

Käärme nousi kapinaan

kun sitä syytettiin huoruudesta

se ei saanutkaan hallita sieluja

kuten se halusi

Niinpä se keksi tasa-arvon

jotta saa aseman

hallita sieluja

sen suurin haave

Murskata työ Kristuksen

on aina ollut

unelma saatanan

Median käärme

vaatii sananvapauden

vallan päättää

kuka sitä saa käyttää

ja miten

vaientaa toisia

nostaa omiaan

käärmeen ystäviä

se suosii

Enkelit eivät vaella lihassa maan päällä. Tobian kirjan enkeli Rafael ihmisen hahmossa on ilmeisesti pyhä kertomus, jolla on merkitys ja sen on antanut Jumala, mutta ilmeisesti se ei ole historiallinen tositapahtuma, kuten ei ilmeisesti ole Makkabealaiskirjan Ratsimus kertomuskaan. Johannes Kastajasta sanotaan, että hän oli Jeesuksen edellä kulkeva enkeli. Lihaa ja verta hän oli ja ihminen, mutta enkelit usein vaikuttavat ihmisten kautta ja voivat ottaa tilapäisesti ihmisen kehon haltuunsa ja käyttää sitä toiminnassaan.

läisyydessä syntynyt

Ennen kuin kaikki alkoi

maa ja taivas olivat luomatta

oli iäisyys

Jumala, henki

Poika iäisyydessä syntynyt

Poika antoi lupauksen:

"luo sinä, minä lunastan"

Niin Jumala loi kaiken

tyhjästä Hän loi

Sanallaan

Alussa ei ollut enkeleitä

ei henkiä

Jumala loi kaiken ilokseen

mutta hengille

ja enkeleille

tuli lankeemus keskelleen

osa lankesi

syöstiin maan päälle

vaiva ihmisten

loppuu

kun tämä maailma

saa tuomion

"Rakastakaa vihollisianne"

mutta vihollista on rakastettava totuudessa

hänen syntitiensä määränpää

helvetti

on kerrottava

Sillä se on syntisen vihaamista

että laskee hänen varoittamatta kadotukseen

Jumala vihaa syntiä

rakastaa syntistä ihmistä

tarjoaa armoa

kertoo synnin palkan

helvetin

saatana lukee uskovaisille Raamattua

kaivaa kohtia tarkoituksiinsa

ei aio niitä itse pitää

syyttää

vääristää oppia

tulkitsee väärin

Keksii omat teoriansa

valheen ruhtinas

Uskovainen saa elää

turvallisella mielellä

Vaeltaessamme huorintekijöiden

joukossa

Jumalan enkelit suojelevat

Marttyyrit elivät vailla huolia

muuten kuin pakanoiden sielun puolesta

joita he yrittivät käännyttää

Sillä kuolemassa on uskovaisen voitto

miksi peljätä

Huorinteko ei ole kahden kauppa

se vaatii aina pojan henkisen kuoleman

joskus verta

sillä huorinteko haetaan joltain

nyt huorintekijä korotetaan

koulussa

mediassa

sillä huoruus on muotia

Raamatulliset elämäntavat "out"

huorinteko on kuolema

sisäinen

vaatii elämän toiselta

kadotus vaanii ovella

He ompelevat pehmityksiä ihmisten

kainaloiden alle

josta Hesekiel varoitti

Pehmittävä, raiskaavat Jumalan totuudet

eivät puhuttele jumalatonta syntitiestä

sillä he haluavat helppoa elämää

"hoitaa vain omat asiat"

Jumala Hesekielen kautta

luki tästä kadotustuomion

Heillä on omat syntinsä

huorintekonsa

anteeksi saamattomat

painavat, syyttävät

kun oma kadotus on ovella

on toista vaikea puhutella

Hesekiel 13, Hesekiel 3:18

Elävä sydän

Jumala tahtoo ottaa pois

kivisen sydämen

Antaa tilalle lihaisan

elävän

Sillä ihminen on liha

sydän lihaisa

on elävä

tunteva

Hesekiel 11:19

"Joka on liha,

pitää vihaa"

Synnitön ei ole ihminen

himo on hänen lihassaan

lähtemätön

liha ihmisen

ei tee parannusta

kantaa syntiä

"Kuolettaa hengellä,

lihan töitä"

on uskovaisen mieli

"Ennen kuin taivas ja maa katoaa,

ei pidä vähinkään piirto, tai rahtu,

laista ja profeetoista katoaman"

Opetti Jeesus

Jeesus täytti lain

voitti saatanan ja käärmeen

ei kumonnut

Vanhaa Testamenttia

näin myös Luther

uskolla valaistuna

näki

Synti ja syntiinlankeemus

on pimentänyt

johtanut harhaan

ihmisen järjen

ihminen ei voi järjellään

tuntea, aistia Jumalaa

Ihminen ei järjellään

ymmärrä Jumalan salaisuuksia

vaan tarvitaan usko

Pyhään Henkeen sidottu

kuin avain

aukaista kirjoitukset

"Järki sotii uskoa vastaan"

kertoi Jumala totuuden

Paavalin kautta

Jumalan enkelit

vartioivat

suojelevat, uskovaista

ei enkeli kaikelta pahalta,

vahingolta suojele

uhkarohkea ei kuulu olla

koettelemukset

ovat Jumalan salaisuus

Suojelusenkelin viimeinen palvelus

on kantaa uskovaisen sielu

Isän tykö taivaaseen

Raamatun loppulehdellä on Sanat

"joka Sanankin ottaa tästä kirjasta pois,

sen nimen Jumala ottaa pois,

Elämän kirjasta

ja lukee hänelle

kaikki kirjan vitsaukset"

Raamattu myös sanoo

että se on ikuinen ilmoitus

muuttumaton

miksi

oi ihminen

et siihen jaksa uskoa